Les animaux de l'Arctique

Melvin et Gilda Berger

Texte français d'Alexandra Martin-Roche

Photographies : Couverture : Hartmut Schwarzbach/argus/Peter Arnold, Inc.;
p. 1 : Tom Brakefield/Bruce Coleman Inc.; p. 3 : Bryan & Cherry Alexander/arcticphoto.co.uk;
p. 4 : Mitsuaki Iwago/Minden Pictures; p. 5 : Bryan & Cherry Alexander/arcticphoto.co.uk;
p. 6 : Mark Newman/Photo Researchers, Inc.; p. 7 : Irwin & Peggy Bauer/Bruce Coleman Inc.;
p. 8 : Bryan & Cherry Alexander/arcticphoto.co.uk; p. 9 : Tom Brakefield/Bruce Coleman Inc.;
p. 10 : Bryan & Cherry Alexander/arcticphoto.uk; p. 11 : Flip Nicklin/Minden Pictures;
p. 12 : Bryan & Cherry Alexander/arcticphoto.co.uk; p. 13 : François Gohier/Photo Researchers Inc.;
p. 14 et 15 : Bryan & Cherry Alexander/arcticphoto.uk;
p. 16 : Jean François Hellio & Nicholas Van Ingen/Photo Researchers, Inc.

Recherche de photos : Sarah Longacre

Catalogage avant publication de Bibliothèque et Archives Canada

Berger, Melvin
Les animaux de l'Arctique / Melvin et Gilda Berger; texte français d'Alexandra Martin-Roche.

(Lire et découvrir)
Traduction de : Arctic animals.
Pour les 4-6 ans.
ISBN 978-0-545-99178-0

1. Zoologie--Régions arctiques--Ouvrages pour la jeunesse.
2. Écologie animale--Régions arctiques--Ouvrages pour la jeunesse.
I. Berger, Gilda II. Martin-Roche, Alexandra III. Titre. IV. Collection.
QL105.B4714 2008   j590.911   C2008-902261-0

Édition publiée par les Éditions Scholastic, 604, rue King Ouest, Toronto (Ontario) M5V 1E1

5 4 3 2 1   Imprimé au Canada   08 09 10 11 12

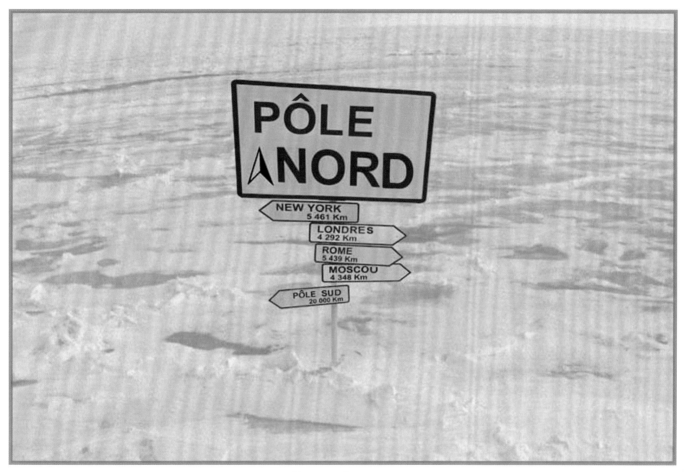

POLE
NORD

NEW YORK
5 461 Km

LONDRES
4 292 Km

ROME
5 439 Km

MOSCOU
4 348 Km

PÔLE SUD
20 000 Km

Les animaux de l'Arctique vivent près du pôle Nord.

Il fait très froid dans l'Arctique.

L'Arctique est recouvert de neige et de glace.

Info-Arctique

L'Arctique est un océan recouvert d'une épaisse couche de glace.

Les ours blancs vivent dans l'Arctique.

Ils marchent sur la glace.

Les renards arctiques vivent
dans l'Arctique.

Ils chassent les lièvres arctiques.

Les baleines vivent
dans l'Arctique.

Elles nagent en grands groupes.

Les phoques vivent
dans l'Arctique.

Ils remontent à la surface pour respirer.

Les rennes vivent
dans l'Arctique.

Ils font beaucoup de kilomètres
pour trouver de la nourriture.

Les animaux de l'Arctique
sont étonnants!